Sabine Weber / Angela Hoffmann
Mopsgeschichten von Uli und Samson

AF194798

Sabine Weber / Angela Hoffmann

Mopsgeschichten von Uli und Samson

Eine Liebeserklärung an eine ganz besondere Hunderasse

Bibliografische Information der Deutschen Nationalbibliothek:

Die Deutsche Nationalbibliothek verzeichnet diese Publikation in der Deutschen National- bibliografie; detaillierte bibliografische Daten sind im Internet über http://dnb.dnb.de ab- rufbar.

Text: Angela Hoffmann, Sabine Weber
www.Angela-Hoffmann.com

Zeichnungen: Sabine Weber

Fotos: Peter Becker Der Pferdeknipser
www.unblind.de

Layout und Buchsatz: DigiBuchService, Hannover
www.digibuchservice.de

Beratung für Veröffentlichung und Marke- ting: Hoffmann&Grelewicz

Beratung für Zitatrecht: RA Meinrad Mayer

Herstellung und Verlag:
BoD - Books on Demand, Norderstedt

ISBN: 978-3-7534-4079-8

Nach einem Bericht von Sabine Weber
aufgeschrieben von Angela Hoffmann
www.Angela-Hoffmann.com

Für meine Familie und für alle Menschen, die Tiere lieben und sich für sie einsetzen

Inhalt

Kapitel 1

Die Mopsliebe traf mich un-vorbereitet von einer Sekunde auf die andere!

An einem Tag im Oktober machte ich mit meiner Mutter, meiner Schwester und den Kindern einen Stadtbummel. Wir kamen an einem Juweliergeschäft vorbei, bei dem die Tür offen stand.

Auf einmal kam ein Mops heraus. Er kam die Stufen der Eingangstreppe herunter.

Dann setzte er sich hin und schaute uns zutraulich an.

Er hatte ein beigefarbenes Fell und war wunderschön. Ich war hingerissen. Ich konnte ihn nur immer wieder ansehen. Der unvergleichliche Charme dieser Hunderasse sprach mich sofort an.

Mit einem Schlag war es um mich geschehen. Der kleine Hund eroberte mein Herz im Sturm.

Ich ging kurz in das Geschäft und sprach einige Worte mit den Inhabern. Meine Mutter, meine Tochter und ich streichelten den kleinen Mops, der Anton hieß.
Nach dieser Begegnung achtete ich mehr auf Möpse. Man sah sie damals nicht so oft im Fernsehen wie heute, aber man sah sie manchmal auf Abbildungen in Büchern. Wann immer ich sie nach dieser Begegnung sah, faszinierten sie mich. Diese erste Begegnung mit dem kleinen Mops war für mich ein überwältigendes Erlebnis.

Kapitel 2

Ich wollte immer einen Hund haben

Hunde mochte ich schon immer. Als ich zur Grundschule ging, sind wir Kinder nach der Schule zu einem Schulkameraden gegangen und spielten dort mit dem Dackel Moritz. Ich ging mit Moritz auch spazieren und brachte ihn anschließend wieder zu meinem Schulkameraden. So kam es, dass ich nach und nach mit immer mehr Nachbarshunden spazieren ging oder mich in den Ferien um sie kümmerte, wenn Herrchen und Frauchen ohne ihren Hund in die Ferien fuhren. Sie wussten, dass der Hund gut versorgt wurde und sie in Ruhe in die Ferien fahren konnten. Ich kümmerte mich um verschiedene Hunde. Es waren große und kleine, Schäferhunde waren dabei, ein Irish Setter, eine Collie-Mix-Hündin und auch ein ganz lieber Rauhaardackel.

Eine sehr liebe Hündin wohnte direkt neben uns und ich mochte sie besonders gern. Sie war eine Collie-Airedale-

Terrier-Mix-Hündin und hieß Cora. Manchmal, wenn sie im Garten war, kam sie an den Zaun und wenn ich ihr ein Zeichen gab, sprang sie mit einem eleganten Satz über den Zaun und wir spielten ein bisschen zusammen.

Ich war damals zehn Jahre alt. Nach und nach zogen die Nachbarn mit den Hunden weg und ich verlor auch meine Hundefreundin. Leider bekam ich keinen eigenen Hund. Aber ich bekam eine Katze, die ich natürlich auch liebte, aber es war trotzdem nicht dasselbe. Manche Menschen fühlen sich mehr zu Katzen, andere eher zu Hunden hingezogen. Es ist doch etwas anderes vom Charakter her.

Da ich also lange Zeit keinen eigenen Hund haben konnte, engagierte ich mich im Tierheim und führte Hunde von dort ehrenamtlich aus. Natürlich wünschte ich mir immer, einen eigenen Hund zu haben.

Die Begegnung mit dem Mops, der aus dem Geschäft kam, hatte etwas in mir ausgelöst, aber es dauerte dann immer noch viele Jahre, bis sich mein Wunsch erfüllte.

Der Kontakt zur Züchterin, die Vorbereitungen und die große Freude: Die Welpen sind da

Die Mutter einer Klassenkameradin meiner Tochter war seit Jahren engagierte Mopszüchterin. Wir kamen ins Gespräch und mich beeindruckte, dass Frau Petra Kos die Hunde nach den früheren Rassemerkmalen züchtete. Dabei ist der Fang, also die Schnauze der Tiere, wieder länger und auch der Körper ist meist nicht so gedrungen. Die Tiere sind langbeiniger. Damit möchte man erreichen, dass die Hunde wieder gesünder und leistungsfähiger werden.

Es war für mich sehr wichtig, dass die Hunde der Züchterin eben nicht diese extrem eingedrückte und zurückgezüchtete Nase haben, die so oft bei Möpsen Probleme verursacht, so dass sie operiert werden müssen. Das Gaumensegel ist zu lang und muss dann verkürzt werden oder die Nasenlöcher müssen geweitet werden, so dass sie überhaupt genug

Luft bekommen. Das käme für mich nicht in Frage. Das möchte ich nicht. Und die Möpse von Frau Kos hatten diese Probleme nicht, da sie auf die ursprüngliche Rasse zurückgehen, die nicht solche eingedrückten Nasen hatten. Meiner Meinung nach sollte man sich immer an einen verantwortungsvollen Züchter wenden. Von Internetangeboten würde ich abraten. Man kann vor diesen anscheinend so günstigen Angeboten nur warnen. Man muss bei einem Züchter vielleicht einige Monate warten, bis der entsprechende Wurf da ist und man seinen Welpen erhält, aber dafür weiß man auch, dass der Welpe nicht aus einer Qualzucht stammt. Die Hunde werden dafür doch völlig ausgebeutet und sind dann auch oft krank. Natürlich bezahlt man bei dem Züchter mehr, aber das ist es doch wirklich auch wert.

Bei der Abschlussfeier meiner Tochter ergab sich ein erneuter Kontakt mit Frau Kos und wir sprachen darüber, dass man bei einem der nächsten Würfe einmal vorbeischauen könnte. Von nun an befasste ich mich ernsthaft mit dem

Gedanken, einen Mops in die Familie zu holen. Es dauerte noch fast zwei Jahre, bis es soweit war.

Frau Kos informierte mich, dass sie im Februar einen Wurf erwartete. Ich kaufte mir Fachliteratur über Hunde und natürlich speziell über die Rasse Mops. Wir inspizierten die Wohnung, schauten zum Beispiel, ob es Kabel gab, an die der Welpe gelangen könnte, oder ob es irgendwelche Kleinteile gab, die er anknabbern und verschlucken könnte. Wir überlegten, wo der beste Platz für sein Körbchen wäre. Mein Mann kannte sich dabei recht gut aus. Er war mit Hunden aufgewachsen, da sein Vater früher Schäferhunde züchtete und die Hunde teils auch auf Hundeschauen und auf dem Hundeplatz vorstellte. Eine Hündin aus seiner Zucht kam zum Zoll und wurde ein sehr guter Zollhund. Sie kam noch ab und zu in die Familie, war sehr gut ausgebildet und gehorchte aufs Wort.

Wir gingen mehrmals zur Züchterin und lernten so auch die Hundeeltern kennen. Elvis, der Vater und Soffie, die

„Hundemama", gefielen mir sehr gut. Im Februar war es soweit. Der Wurf bestand aus fünf Welpen.

Anfangs durften wir sie wegen der Infektionsgefahr noch nicht besuchen, aber wir bekamen Fotos geschickt und auf einem Foto lagen sie alle fünf dicht aneinander geschmiegt im Körbchen. Direkt in der Mitte lag einer, der sichtbar größer und wohlgerundet war. Mein Mann meinte, er wäre der richtige Kleine für mich. Er wollte mich necken. Und tatsächlich hatte die Züchterin diesen Kleinen für uns ausgesucht:

„Der passt am besten zu Euch!" sagte sie.

Sie versucht immer nach bestem Wissen und Gewissen mit ihrer Erfahrung den richtigen Welpen auszusuchen, so dass Herrchen, Frauchen und Hund gut zusammenpassen.

In der Wartezeit bis wir den Welpen zu uns nach Hause holen konnten, überschlugen sich meine Gefühle. Einerseits war ich von Vorfreude erfüllt, andererseits war ich manchmal auch besorgt und fragte mich, ob ich den neuen Herausforderungen auch wirklich gewachsen war, denn einen eigenen Hund hatte ich ja noch nie gehabt.

4.Kapitel

Uli kommt in die Familie

Nach drei oder vier Wochen durften wir die Welpen besuchen. Man muss dann die Hände desinfizieren, so dass man keine Krankheitserreger mitbringt. Man soll seinen Welpen auf jeden Fall einige Male gesehen haben, bevor man ihn abholt. Wir waren bestimmt vier oder fünf Mal dort und haben ihn besucht, ihn gehalten und ein bisschen mit ihm gespielt. Als er neun Wochen alt war, konnten wir ihn zu uns nach Hause holen. Frau Kos gab uns noch jede Menge

Tipps mit auf den Weg und außerdem erhielten wir eine Art Welpenpaket. Darin befand sich seine Kuscheldecke, also somit der vertraute Geruch, ein kleines Eselchen als Spielzeug und ein kleines Brustgeschirr, bei dem die Leine oben auf dem Rücken befestigt wird.

Die Namen aller Welpen dieses Wurfes mussten mit „U" beginnen und so heißt unser kleiner beigefarbener Mops Uli Elvis junior. Wir hatten eine Gitterbox in der Küche aufgestellt und darin befand sich seine Decke und sein Kuscheltier. In einem meiner Mopsfachbücher wurde empfohlen, der Welpe solle in seinem neuen Zuhause allein in einem Zimmer schlafen. Uli jaulte sehr viel in dieser Nacht. Es war furchtbar. Aber es hieß, man solle dieser Sache nicht nachgeben und so hielten wir es schweren Herzens durch. In der zweiten und dann endgültig in der dritten Nacht war es überstanden.

Ich konnte Frau Kos immer anrufen und um Rat bitten. Das schätzte ich sehr. Sie gab mir immer Tipps und gute Ratschläge.

Bis zur 15. Woche wird empfohlen, nicht zu viel mit den Hunden draußen spazieren zu gehen. Nach der 15. Woche bekommen die Tiere eine Impfung und dann ist es besser. Wir gingen am Anfang mit Uli nur in den Garten, mindestens alle zwei Stunden soll man hinaus gehen, aber in Wirklichkeit ist es meist viel häufiger. Immer, wenn er sein Bächlein oder sein Geschäftchen machte, wurde er ganz doll gelobt und nach und nach wurde er stubenrein. Manchmal blieben wir etwas länger im Garten, so dass er etwas länger herumlaufen konnte. Aber die Hunde sollen am Anfang noch nicht so viel laufen, es hieß, pro Woche könne man jeweils eine Minute länger mit ihnen draußen gehen. Die Hunde dürfen noch nicht überfordert werden. Muskeln, Sehnen und Bänder müssen sich noch mehr kräftigen und vor der Impfung mit 15 Wochen sind die Welpen noch nicht ausreichend vor Krankheiten geschützt.

Mit 15 Wochen bekam Uli die Impfung und danach gingen wir mit ihm Gassi und zwar mindestens dreimal am Tag, morgens, mittags und abends. Seitdem

Uli ausgewachsen ist, versuche ich, dass möglichst einer dieser Spaziergänge mindestens eine Stunde dauert. Die beiden anderen Spaziergänge dauern eine halbe oder eine dreiviertel Stunde.

Als Uli noch klein war, trafen wir auf unserer morgendlichen Gassirunde eine ältere Dame, die eine neunjährige Hündin namens Purzel hatte. Sie war eine Border Collie Hündin. Sie übernahm von Anfang an die Erzieherrolle für Uli. Wenn die beiden Hunde zusammen liefen und ich Uli rief und er nicht sofort kam, gab sie ihm einen Rüffel, sie stupste ihn etwas, so, als ob sie sagen wollte:

„Hast Du nicht gehört? Du bist gerufen worden! Jetzt aber sofort zurück!"

Uli und Purzel waren von Anfang an ein Herz und eine Seele. Sie hat ihn regelrecht adoptiert.

Wir gingen mit Uli zuerst in die Welpengruppe, das war sehr schön. Die Hunde spielten dort zusammen. Danach ging es in der Junghund-Gruppe weiter. Alle

Hunderassen waren dort zusammen, große und kleine Hunde. Einfache Gehorsamkeitsübungen wurden gelernt, dann gab es weitere Übungen und

Funzel und Uli

Aufgaben und das Spielen trat etwas mehr in den Hintergrund. Wir waren insgesamt etwas länger als ein Jahr immer einmal wöchentlich in der Hundeschule.

Uli ging gern dorthin. Wir fuhren ungefähr zehn Minuten mit dem Auto. Uli saß ruhig in seiner Box. Er konnte darin nicht nach draußen schauen, aber an einer bestimmten Stelle, nämlich an der Auffahrt zur Autobahn, meldete er sich immer und fiepte. Immer. Und immer an dieser Stelle. Wir wissen bis heute nicht, woran er die Stelle erkannte, denn er konnte ja nicht nach draußen schauen.

Zuhause spielte Uli gern mit seinen Hundekuscheltieren. Ich kaufte einige, aber sie waren immer schnell kaputt. Uli jagte das Kuscheltier, packte es, schüttelte es, zog daran und innerhalb von einer Stunde war es kaputt. Bei einem Mopstreffen bekam ich den Tipp, dass Babykuscheltiere länger als Hundekuscheltiere halten würden. Ich kaufte eine Stoffratte bei Ikea und die lebt heute noch, war nie kaputt und musste wirklich einiges über sich ergehen lassen. Manche Hundespieltiere waren schon nach fünf Minuten kaputt. Uli riss die Nähte auf, dann quoll das Stopfmaterial aus dem Inneren heraus und ich versuchte, die Nähte wieder zuzunähen, was aber nichts nutzte. Ich musste die Stofftiere schließlich wegtun, aber die Babykuscheltiere waren besser und hielten.

Als wir dachten, Uli wäre jetzt alt genug, dass wir ihm ein kurzes Alleinsein zumuten könnten, fingen wir ganz vorsichtig damit an, ihn auch mal allein zu Hause zu lassen. Am Anfang waren es nur wenige Minuten. Er konnte in der Box in der Küche sein oder auch in seinem Körbchen im Wohnzimmer. Im Körbchen schläft er normalerweise und liegt auch tagsüber ab und zu darin. Wenn ich mich in der Küche aufhalte, liegt er in der Box und kann alles beobachten, an allem teilhaben und hat trotzdem seinen Rückzugsort. Die Decke ist etwas über die Box gelegt, so dass es kuschelig und gemütlich ist. Uli liegt dann dort und schaut, was ich so mache.

Falls einmal ein Glas herunterfallen würde und Verletzungsgefahr für den Hund bestünde, könnte man die Box auch kurz schließen, bis man das Glas beseitigt hätte.

5.Kapitel

Die Erlebnisse mit Uli

Uli war schon als junger Hund zutraulich. Er ging auf jeden Besucher freundlich zu. Besonders Kinder mochte er gern. Das ist bis heute so geblieben, aber er ist inzwischen etwas zurückhaltender geworden, etwas skeptischer. Insbesondere wenn Menschen, besonders Männer, etwas Ungewöhnliches tragen wie zum Beispiel ein Regencape oder einen ungewöhnlichen Hut, dann hält er erst einmal Abstand und zeigt durch Bellen, dass er erst in Ruhe schauen will. Es ist so, als ob er ausdrücken wollte:

„Lass mir jetzt erst mal meine Ruhe, lass Dich mal in Ruhe beäugen und dann schauen wir mal, ob wir Freunde werden." Er möchte nicht bedrängt werden. Er schaut und schnuppert in Richtung der Person. Es ist ganz unterschiedlich, wer bei ihm ankommt und wer nicht. Bei den Kindern ist es so geblieben wie am Anfang. Das Tier spürt wahrscheinlich das Kindliche, dieses Unverfälschte, also dass Kinder einfach so sind wie sie sind und dass sie nichts Böses im Schilde führen. Bei Erwachsenen zeigt Uli eine gewisse Skepsis. Wir haben immer darauf geachtet, dass bei einem Zusammentreffen mit Kindern nichts passieren konnte. Daher hat Uli eigentlich keine schlechten Erfahrungen gemacht. Er mag es aber gar nicht, wenn Kinder in seiner Nähe laut sind und sich hektisch bewegen.

Uli verstand sich von Anfang an auch immer gut mit Pferden. Er begleitete uns schon als junger Hund auf den Reiterhof, wo unser Pferd Fritz stand. Die beiden Tiere, das große Pferd und der kleine Mops, beschnupperten sich freundlich. Wenn dann Fritz auf dem Reitplatz oder in der Reithalle geritten wurde, sauste Uli, wenn keine anderen Reiter mehr da waren, wie ein Wirbelwind über den Platz oder durch die Halle. Fritz blieb dabei ganz ruhig und verfolgte Ulis Bewegungen genau.

Als Uli dann später erwachsen war, begleitete er meine Töchter Kristina und Katja und meinen Mann Klaus einige Male auf einem kleinen Ausritt und lief brav neben Fritz her.

Pferd Fritz und Mops Uli

Uli freundete sich aber nicht nur mit dem Pferd Fritz an, sondern auch mit dem Hofschwein von Tamme Hanken, dem XXL Ostfriesen, der aus dem Fernsehen bekannt war und viele Tiere, insbesondere Pferde, mit seinen Händen heilen konnte. Wir besuchten das Hoffest von Tamme Hanken 2016 und Uli war natürlich mit dabei. Das Hofschwein befand sich in einem Gehege. Die Besucher konnten ganz nah an den Zaun herantreten und das Tier berühren. Auch Uli kam ganz dicht heran und die beiden Tiere beschnupperten sich freundlich. Bei einer Führung über den Hof lernten wir die Tiere kennen und erfuhren viel Interessantes aus dem Leben von Tamme Hanken. Wir erlebten ihn als einen sehr charismatischen Menschen.

Besuch des Hoffestes 2016 bei Tamme Hanken, dem XXL Osfriesen aus dem Fernsehen. Uli macht Bekanntschaft mit Hofschwein „Schnitzel".

Als Uli drei Jahre alt war, nahmen wir mit ihm an einer Hundeausstellung teil. Die Züchterin Frau Kos ermutigte uns dazu, denn sie konnte mit ihrer langjährigen Erfahrung realistisch einschätzen, dass er Chancen auf gute Bewertungen hatte. Dies bestätigte sich dann auch, aber schließlich übertraf er alle Erwartungen, wurde nach mehrmaligen Auswahlverfahren Gruppensieger und am Ende sogar „Best of Show" – Gewinner bei den Kleinhunden. Wir gingen mit einem Arm voller Pokale nach Hause. Das war schon etwas ganz Besonderes. Auch bei einer weiteren Hundeausstellung wurde Uli wieder mit besten Bewertungen ausgezeichnet.

So kamen etliche Pokale zusammen. Wenn Uli sich vor das kleine Tischchen mit den Pokalen setzt, hat man den Eindruck, dass er weiß, dass er diese Auszeichnungen erhalten hat und ein bisschen stolz darauf ist.

Uli und seine Pokale

Das, was ich an den Möpsen so schön finde, ist, dass sie immer irgendwie etwas Verspieltes, fast wie ein kleiner Clown, an sich haben.

Möpse haben definitiv ihren eigenen Kopf. Im Gegensatz zu anderen Hunden, die ich davor kannte, erweckt der Mops oft den Eindruck, als würde er erst einmal überlegen, was er selbst davon hätte, wenn man etwas von ihm möchte. Möpse behalten auch als erwachsene Hunde etwas von ihrem Welpencharme, den sie gekonnt einzusetzen verstehen.

Uli spielte zum Beispiel gern dieses Spiel, das er sich selbst ausdachte. Man achtet von Anfang an darauf, dass die Hunde nichts aufnehmen, das sie verschlucken könnten, also zum Beispiel Kleinteile, Plastik oder etwas mit scharfen Kanten. Das könnte schädlich für sie sein. Uli lernte das auch von klein auf. Wenn ich Kartoffeln, Möhren oder Äpfel schäle, fällt auch manchmal eine Schale auf den Boden, die er sich holt.

Oder es fällt vielleicht auch einmal etwas vom Salat herunter. Uli begann damit, sich etwas zu suchen und passte auf, ob nicht etwas herunterfallen würde. Er nahm dann das Stückchen Apfel auf, kam zu mir und stand dann neben mir. Anfangs wusste ich noch nicht, worum es ihm ging. Ich sah zwar, er hatte etwas im Maul und wollte, dass man ihm sagt, mach es aus, lass es fallen, und dann hat er das am Anfang auch gemacht und bekam als Belohnung ein kleines Leckerli. Irgendwann fing er aber an, sich etwas gezielt zu suchen. Wenn die Tür des Balkons aufstand und von den Bäumen ein Blatt oder Samen auf den Balkon flog, dann läuft er hin, sucht sich das, kommt zu mir, steht neben mir und fängt an, einen ganz bestimmten Brummelton von sich zu geben. Den macht er aber nur bei diesem einen Spiel. Diesen Ton habe ich sonst noch nie von ihm gehört, bei keiner anderen Situation. Es ist ein ganz bestimmter Ton, als ob er sagen wollte:

„Guck mal, ich hab was im Maul, was ich nicht soll!"

Wenn ich nicht sofort reagiere, dann wird der Brummelton energischer. Uli steht weiter da:
„Jetzt guck doch mal endlich, ich hab was, was ich nicht soll!"

Wenn ich dann immer noch nicht reagiere, fängt er an, ein bisschen herumzutanzen, um auf sich aufmerksam zu machen:

„Also, jetzt guck aber doch mal, was ich hier hab, ich soll das doch nicht!"

Dann stehe ich auf, tue ihm den Gefallen und sage:

„Ja, was hast du denn da, jetzt lass es aber mal ‚mach es aus!‘"

Uli beobachtet mich genau und wenn er sieht, dass ich ein Leckerli in der Hand habe und ich dann zu ihm sage ‚Jetzt mach es aus!‘, dann lässt er es wirklich fallen und bekommt sein Leckerli und dann ist gut. Aber inzwischen ist er natürlich so raffiniert, dass er das auch zwei-, dreimal hintereinander probiert oder sogar blufft und nur so tut, als habe er etwas im Maul. Ich gebe ihm Hundeleckerli, aber er mag auch gerne mal ein Stückchen Käse. Es gibt im Geschäft ganz kleine Käsewürfelchen als Käsesnack, die liebt er natürlich auch.

In der Hundeschule würde man sagen, das sollte man nicht mitmachen. Man sollte sich nicht manipulieren lassen. Aber ich finde das so entwaffnend einfallsreich, dass ich ihm gerne den Gefallen tue und bei diesem einen Spiel eine Ausnahme mache. Er versteht und akzeptiert es aber auch sofort, wenn ich ihm sage, dass es jetzt nichts gibt. Außerdem hat er dieses Spiel noch nie draußen oder anderswo ausprobiert. Immer nur zu Hause.

Samson kommt in die Familie, Erlebnisse mit Uli und Samson, Gewohnheiten der Hunde und kleine Streiche, beide Hunde erhalten Auszeichnungen und gewinnen Wettbewerbe

Samson

S.Weber 19'

Nach drei Jahren mit Uli dachte ich, es wäre schön, wenn er einen Artgenossen hätte, einen Kameraden, so dass er Gesellschaft hätte und nicht mehr allein wäre. Also vielleicht einen zweiten Rüden als Kameraden. Ich habe mich überall informiert. Ich habe Bücher gelesen und darin hieß es, zwei vom gleichen Geschlecht, das gibt keine Probleme und sie lassen sich problemlos halten. Ich fragte beim Tierarzt und in der Hundeschule und überall hörte ich, die Hunde profitieren davon.

Beide Elterntiere von Samson stammen aus Amerika. Die Züchterin holte sie von dort. Samsons Mutter ist der Hund von Elena, der Tochter der Züchterin, mit der meine Tochter Kristina befreundet ist. Meine Tochter hatte sich auch immer einen Mops gewünscht. Da wir inzwischen Hundeerfahrung hatten, machten wir manches anders. Dass es diesmal ein Welpe mit schwarzem Fell wurde, ergab sich einfach so beim Kennenlernen der Welpen. Weil es von Anfang an klar war, dass es der Hund meiner Tochter sein würde, stellten wir seine Schlafbox in ihr Zimmer neben ihr Bett. So musste er nicht allein schlafen und schlief gleich in der ersten Nacht ruhig und ohne zu fiepen durch. Auch er hatte seine Welpendecke und sein Kuscheltier, ein kleines Schäfchen, von Zuhause mitgebracht.

Samson war von Anfang an ganz anders als Uli. Er war schon als Welpe richtig frech. Wir konnten daher auch nicht mit ihm in die Welpengruppe gehen, da er Streit suchte. Wir probierten es mehrmals, aber es klappte nicht. Als er älter war, versuchten wir es erneut mit der Hundeschule, aber er machte auch bei den Großen so weiter. Er brachte leider zu viel Unruhe in die jeweiligen Gruppen hinein, so dass man das den anderen nicht zumuten wollte.

Wenn er beim Gassigehen an der Leine ist, ist er ganz lieb. Auch beim Mopstreffen gibt es keine Probleme. Dabei hatten wir natürlich, als wir zum ersten Mal zum Mopstreffen gingen, große Bedenken. Aber es klappte gut. Frau Kos ermutigte uns dazu, ihn mit den anderen Hunden laufen zu lassen. Es gab keine Probleme. Ganz offensichtlich erkennen die Möpse ihre eigene Rasse und verhalten sich anderen Möpsen gegenüber anders. Wenn im Fernsehen Hunde gezeigt werden, kann es sein, dass Samson sie wütend anbellt. Wenn Möpse gezeigt werden, verhält er sich komplett anders. Er sitzt dann vor dem Fernseher und fiept und möchte am liebsten in den Fernseher hineinkriechen. Uli interessierte sich früher auch ein bisschen für das, was im Fernsehen gezeigt wurde, aber heute interessiert er sich nicht mehr so sehr dafür.

Auch Samson erhielt bei Hundeausstellungen und Mopstreffen Auszeichnungen – ebenso wie Uli. Wenn er vor seinen Pokalen sitzt, dann weiß er, so denke ich, dass er ausgezeichnet wurde und ist ein bisschen stolz. Er hat inzwischen drei Mal in Folge das Mopsrennen beim jährlichen Mopstreffen gewonnen. Er fegt dann wie ein schwarzer Blitz die abgesteckten fünfzig Meter entlang und beweist, dass eben auch ein Mops wie ein ganz normaler Hund rennen kann.

Möpse sind übrigens ganz ausgezeichnete Wachhunde, obwohl man das vielleicht nicht denken würde. Sie hören jedes fremde Geräusch, knurren und schlagen hartnäckig an, so als ob sie einem sagen wollten:

„Seht mal nach, da stimmt etwas nicht!"

Auch bei Gewitter oder beim Silvesterfeuerwerksknallen verhalten sie sich oft anders. Während andere, teils viel größere Hunde Angst vor dem Donnern und dem Knallen haben, da die Silvesterknallerei für die Tiere viel Stress bedeutet, verlangt unser Uli, dass man ihn nach draußen lässt. Dort bellt er dann in Richtung der Lärmbelästigung.

Als unsere Tochter einmal Flöte übte,
sprang Samson wie ein geölter Blitz auf
und hielt volle drei Tage lang skeptisch
Abstand. Kristina konnte fortan nicht
mehr in seiner Gegenwart Flöte üben.
Das mochte er nicht.

Samson verschwand schon als junger
Hund bei unseren Spaziergängen plötz-
lich schnüffelnd im Gebüsch, wenn wir
an den Tennisanlagen vorbeikamen.
Kurz darauf kam er mit einem Tennisball
zurück. Ich lobe ihn dann immer und er
bekommt von mir im Tausch gegen den
Tennisball einen anderen Ball, den ich
von zu Hause mitnehme. Ich werfe den
Tennisball wieder auf die Anlage zurück.

Samson hat bestimmt schon an die drei-
ßig Bälle gefunden und man könnte ihn
fast als Tennis „Balljunge" bezeichnen.

Samson hat seinen Schlafplatz und auch
seinen Futternapf im Zimmer unserer
Tochter und dort liegt auch ein Stofftiger
auf dem Sofa mit der gemütlichen Decke.
Der Tiger ist größer als Samson und
weich und kuschelig. Oft springt Samson
nachdem er sein Abendfutter erhalten
hat, auf das Sofa und spielt und kuschelt
inniglich mit dem großen Stofftiger. Irgendwann ist er dann müde und macht
ein Nickerchen auf dem Sofa.

Eines Tages machte ich mit beiden Hunden einen Waldspaziergang. Dabei ging
ich eine Strecke, die ich schon oft gegangen war. Einige Tage zuvor gab es heftige
Windböen, die auch in den umliegenden
Wäldern getobt hatten. Inzwischen hatte
sich das Wetter jedoch längst wieder be-
ruhigt.

Die Hunde waren nicht angeleint und
liefen einige Meter vor mir her. Nach einer Weile erreicht man auf dieser Strecke

eine Kreuzung, an der man mehrere Möglichkeiten für den Rückweg wählen kann. Dort steht auch eine Bank, auf der ich gerne noch ein bisschen verweile, bevor ich mich auf den Rückweg mache. Auch an diesem Tag ging ich auf die Bank zu, um mich hinzusetzen und noch ein wenig die Ruhe, das Vogelgezwitscher und das schöne Wetter zu genießen. Normalerweise kommen die Hunde dann auch gleich heran, schnuppern interessiert um die Bank herum oder setzen sich zu mir. Aber an diesem Tag war alles anders. Uli und Samson blieben an der Kreuzung stehen und bellten aufgeregt, was recht ungewöhnlich für die beiden war. Aufmerksam sah ich mich um, konnte jedoch nichts entdecken, das die Aufregung hätte verursachen können. Ich rief die Hunde zu mir, aber sie wollten partout nicht kommen, sondern direkt weiterlaufen. Irgendwie hatte ich das Gefühl, dass etwas nicht in Ordnung war, so, als wollten die Hunde mich vor etwas warnen. Darum entschied ich, mich an diesem Tag nicht mehr auf die Bank zu setzen, sondern gleich weiterzugehen. Kaum hatte ich mich ein kleines

Stück entfernt, hörte ich hinter mir wie mit lautem Getöse ein schwerer Ast aus der Baumkrone auf den Boden krachte. Als ich mich erschrocken umdrehte, sah ich, dass er genau an der Stelle lag, wo die Bank stand.

Ich konnte es kaum glauben! Aber das ungewöhnliche Verhalten der Hunde hatte mich vor einem möglichen schlimmen Unglück bewahrt!

Ich lobte und herzte Uli und Samson ausgiebig. Sie waren jetzt wieder fröhlich, entspannt und sichtlich stolz über mein Lob. Bei dieser Gelegenheit hatten sich die beiden verstanden und waren sich einig, aber das war nicht immer so.

Die beiden Hunde sind von ihrem Charakter und ihrer Art her sehr unterschiedlich. Uli ist sensibel und aufmerksam, Samson ist ein Draufgänger, der sich gerne frech das herausnimmt, was er möchte. Aber wenn es darauf ankommt, ist er auch oft ein Hasenfuß und traut sich nicht, während Uli ganz ruhig bleibt.

Samson lernte als Welpe auch unsere Hundefreundin Purzel kennen, hatte aber im Gegensatz zu Uli überhaupt keinen Draht zu ihr. Es kam keine Verbindung zustande.
Samson spielt gern Gespenst. Er kriecht unter ein Tuch oder unter eine Decke, was ihm gar nichts ausmacht, dann bewegt er sich darunter wie ein Gespenst. Uli würde das auf keinen Fall wollen. Er mag es gar nicht, wenn etwas über ihn gedeckt wird. Samson springt gern auf den Schoß. Er sitzt dann dort und genießt die gute Sicht auf den Esstisch. Uli macht das nicht und wird auch nicht gern hochgenommen.

Wie gesagt, ich erkundigte mich überall,
ob ich zwei Rüden halten könnte. Keiner
sagte, das kann Probleme geben, sonst
hätte ich das auch nicht gemacht. Ich
würde das auch heute nicht mehr machen mit zwei Rüden. Andere haben
auch schon gesagt, zwei Hündinnen,
manchmal geht es gut, manchmal sind
die noch schlimmer gegeneinander. Als
Samson noch klein war, ging es auch eine
ganze Zeit lang gut, aber als er größer
und erwachsener wurde, wollte Uli ihm
zeigen, wer hier zuerst war und wer hier
das Sagen hat. Und damit ging es los. Das
war zunächst ein Drohen und

irgendwann war dieses Drohen nicht mehr genug und dann gab es Tage, bei denen es zu Auseinandersetzungen kam. Ich fragte überall:

„Was kann ich tun, wie kann ich mit dieser Situation umgehen?" Die Züchterin kam auch zu uns. Sie kannte ja beide Hunde. Einige Abläufe mussten von da an verändert werden, zum Beispiel bei der Fütterung oder wenn wir vom Spazierengehen nach Hause kamen. In manchen Situationen mussten wir die Hunde kurzzeitig räumlich voneinander trennen. Mit viel Fingerspitzengefühl mussten wir die feinen Signale der Hundesprache deuten lernen, um rechtzeitig handeln und Auseinandersetzungen vermeiden zu können. Das gelingt jetzt auch recht gut und wir genießen jeden Tag mit unseren Lieblingen.

Berühmte Aussagen über den Mops

In der Zeit, in der ich Bücher über Hunde las, um mich darauf vorzubereiten, den Welpen in die Familie zu holen, schrieb ich mir auch immer wieder einige Zitate auf, die mich beeindruckten. Hier möchte ich einige davon nennen:

Von Friedrich dem Großen (1712–1786) ist folgender Satz überliefert:

„Hunde haben alle guten Eigenschaften des Menschen, ohne gleichzeitig ihre Fehler zu besitzen!"

„Unter hundert Menschen liebe ich nur einen, unter hundert Hunden neunundneunzig!" sagte Marie von Ebner-Eschenbach (1830-1916).

„Wer nie einen Hund gehabt hat, weiß nicht, was Lieben und Geliebt werden heißt," so Arthur Schopenhauer (1788-1860)

Nachwort mit einigen Beispielen zu der Mops in der Literatur und der Mops in der Bildenden Kunst

Der Mops kommt wahrscheinlich ursprünglich aus China. Ab ca. 982 n. Chr. sind Darstellungen von mopsähnlichen Hunden bekannt, aber es gibt auch viel ältere Hinweise. Der Mops lebte bei Hofe, denn nur der Kaiser durfte ihn besitzen. Wie und wann genau der Mops nach Europa kam, ist nicht bekannt. Seit etwa 1425 n. Chr. gibt es erste Darstellungen der Rasse auf Gemälden. Mal heißt es, der Mops wäre im 16. Jahrhundert ein Gastgeschenk aus China für die holländische Königsfamilie gewesen, dann wieder berichten andere Quellen, dass er durch die Niederländische Ostindien-Kompanie nach Europa kam. In Italien spielten kleine Tiere, zum Beispiel kleine Affen und Möpse, in der Commedia dell`Arte auf der Bühne mit, wodurch der Mops in Europa noch bekannter wurde. 1570 soll der Mops Pompey seinem Herrn Wilhelm I. von Oranien das Leben gerettet haben, weil er ihn durch lautes Gebell vor einem Attentäter warnte. Pompey wurde daraufhin so etwas wie ein Nationalheld. Er soll Wilhelm I. von Oranien immer begleitet haben. Bei vielen europäischen Königshäusern und Adeligen war der Mops sehr beliebt. Josephine de Beauharnis Mops Fortune soll Napoleon in der Hochzeitsnacht ins Bein gebissen haben, was dieser ihm aber angeblich letztendlich nicht übel genommen haben soll. Queen Victoria liebte ihren berühmten Mops Bosco und führte Buch über alle ihre Hunde. Der Herzog von Windsor hatte gemeinsam mit seiner Frau Wallis Simpson insgesamt elf oder sogar zwölf Möpse. Nach dem Zweiten Weltkrieg kam der Mops erneut in Mode und hat bis heute seine Liebhaber/innen. Es gibt Ausstellungen von Möpsen in der Kunst, so zum Beispiel die Ausstellung „Möpse aus Meissener Porzellan und ihre Freunde." Loriot schrieb nicht nur in seinem Buch „Möpse & Menschen" über sie, sondern zeichnete und fotografierte sie auch. Zahlreiche Autoren und Autorinnen beschrieben Möpse in ihren Erzählungen, so zum Beispiel Heinrich Heine in „Daß ich dich liebe, o Möpschen", Johann Wolfgang von Goethe „Der Mops von Edelstein" in „Das Märchen", Jane Austen in „Mansfield Park", Wilhelm Busch in „Die Strafe der Faulheit" und „Plisch und Plum", Hans Christian Andersen in „Ein Herzenskummer" und „Das Metallschwein", August Heinrich Hoffmann von Fallersleben in „Als unser Mops ein Möpschen war" und James Krüss „Der Mops von Fräulein Lunden" in „Der wohltemperierte Leierkasten".

Im 18. Jahrhundert hatte ein Orden freimaurerischer Prägung einen Mops aus Porzellan als Symbolfigur. Johann Joachim Kaendler stellte um 1714 eine Porzellan- Freimaurergruppe mit Mops dar.

Der Künstler William Hogarth malte im Jahr 1745 sein Selbstporträt mit Mops Trump. 1770 ließ sich Madame Elisabeth von Frankreich mit ihrem Mops von

Francois-Hubert Drouais porträtieren. Ebenfalls 1770 entstand auch das Gemälde von Herzogin Anna Amalia von Sachsen-Weimar-Eisenach. Zu Füßen der Herzogin sitzt ihr Mops. 1796 malte Francisco Jose de Goya die Marquesa de Pontejos mit ihrem Mops.

Bei der Abbildung des Mopses in Brehms Tierleben von 1927 fällt auf, dass der Hund eine ausgeprägtere Schnauze hat. Außerdem ist er ganz eindeutig viel größer und kräftiger als die Möpse, die heute bekannt sind.

Der Mops war immer beliebt und erfreut sich in den letzten Jahrzehnten immer größerer Beliebtheit. In dem Film „Men in Black" kommt ein (Mops-)Agent vor. Mops Sir Henry kommentiert das Verhalten von Möpsen und Menschen, Möpse tauchen in Liebesgeschichten und Krimis auf und ein Ende ist noch lange nicht absehbar. Was ja auch gut ist.

Literaturnachweis

Inge Weßling, Praxis Wissen Hund „Mops Auswahl, Haltung, Erziehung, Beschäftigung", Stuttgart 2011

Vicco von Bülow alias Loriot, „Möpse&Menschen Eine Art Biographie", Zürich 1983

Felicitas Noeske, „Das Mops Buch", Frankfurt am Main 2001

Renate Schramm, Uschi Ackermann, „Ein Mops, ein Buch, Sir Henry über Möpse und Menschen", München 2010

Eve Kling, „Mops ich, eine Liebeshymne für große & kleine Mops-Fans" illustriert von Ulrike Schraberger, München 2009

Fritzi Sommer, „Zum wilden Eck, Ein Mops-Krimi", München 2015

Alison Mount, „Unser Hund, Der Mops", Mürlenbach/Eifel 2004

„Mops" Artikel in Wikipedia 2020

Uli

Samson

Sabine Weber wurde 1963 in Saarbrücken geboren.

Schon als Kind liebte sie die Tiere, insbesondere Hunde und Pferde.

Lange Zeit war sie als Mitarbeiterin in einem Pferdewirtschaftsbetrieb tätig. Sie lebt mit ihrem Mann, ihren zwei Töchtern und den beiden Möpsen Uli und Samson in Saarbrücken

Angela Hoffmann, 1957 in Hannover geboren, lebt in Adelheidsdorf bei Celle, studierte Literaturwissenschaft und Philosophie, schreibt u.a. Biographien, Geschichten über Tiere, Kinderbücher und Sachbücher, übersetzt aus dem Englischen und bearbeitet Texte in einem künstlerisch-stilistischen Lektorat. Für ihre eigenen Buchveröffentlichungen wurde sie mehrfach ausgezeichnet.

Kontaktaufnahme unter:

www. Angela Hoffmann.com